Sabores de Asia

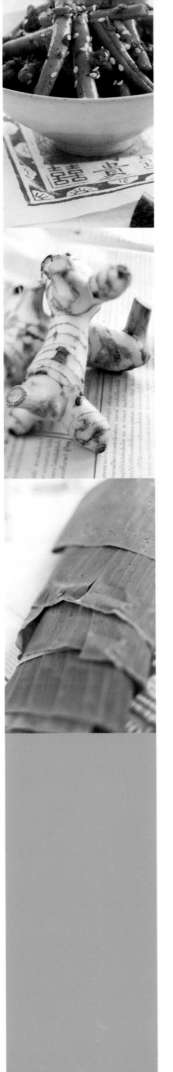

Sabores de Asia

Recetas
sencillas
y deliciosas
de la cocina
oriental

NINA DREYER HENSLEY,

JIM HENSLEY Y PAUL LOWE

lo esencial

1 Las hojas de plátano

Se utilizan para envolver la carne, el pescado o el arroz, se cuecen al vapor en una cesta de bambú.

2 *Bok choi*

Hortaliza china cuyo sabor dulce recuerda la mostaza. Como no hace falta cocerla mucho rato, es especialmente adecuada para poner en el *wok*. Se puede sustituir por espinacas.

3 El chile

Existen variedades muy diferentes. En este libro, se mencionan los chiles rojos corrientes, de 7 u 8 cm de largo. También podemos encontrarlos secos y molidos. Si utilizamos los chiles secos, hemos de pensar en disminuir la cantidad a la mitad, ya que son mucho más fuertes que los chiles frescos. Debemos utilizar guantes para cortar los chiles frescos. Se pueden congelar.

4 La galanga

Especia de la familia del jengibre. Se utiliza como condimento para las salsas, los escabeches y las sopas. Si no la encontramos, podemos sustituirla por el jengibre corriente. Se puede congelar.

5 El jengibre

Es la especia más utilizada en la cocina asiática. Siempre ha de ser fresco. Puede pelarse, rallarse o picarse. Se puede congelar.

6 El cilantro

También se conoce como perejil tailandés. Es un ingrediente indispensable de la cocina tailandesa. Siempre debe añadirse al final de la cocción, si no corremos el riesgo de que pierda la mayor parte del sabor.

7 La lima

Pariente amargo del limón. Se utiliza en las sopas, los escabeches, las salsas y los postres. La corteza tiene un sabor intenso. Muchas veces se ralla para añadirla a las salsas.

8 Las hojas de lima

Proceden del árbol de la lima y se utilizan en finas tiras para poner en las sopas y las salsas. Se pueden congelar.

9 La menta

La menta fresca tiene un sabor intenso un poco dulzón. También se utiliza para el té.

10 El limoncillo

Hierba de unos 20 cm de largo, con un sabor a limón un tanto dulce. Se tritura cuidadosamente la parte blanca para realzar su sabor. El limoncillo se utiliza en los escabeches, en los platos cocinados en el *wok*, o como simple condimento.

11 El boniato

Pariente lejano de la patata. Su sabor es más dulce, su pulpa puede ser de color amarillo claro o naranja fuerte. Con él podemos hacer un magnífico puré colorado.

12 La albahaca tailandesa

Esta hierba es más dulce que su homóloga mediterránea. Si no la encontramos, podemos utilizar la albahaca tradicional.

1

2

3

4

5

6

7

8

9

10

11

12

1 Los brotes de bambú

Brotes crujientes de un tipo especial de bambú de uso alimentario. Los brotes de bambú de lata deben aclararse con agua fría antes de utilizarlos.

2 La salsa de judías negras

Salsa espesa a base de judías y ajo. Se adapta perfectamente a los platos que hacemos en el *wok*.

3 La pasta *brick*

Se utiliza para hacer los rollitos de primavera o los *wonton*. Se compra congelada o fresca y envasada al vacío. La utilización varía según el tipo. En general, en el paquete se indica un modo de empleo muy sencillo.

4 La salsa de pescado

Indispensable para aquellos que quieran cocinar platos asiáticos. Aderaza los ingredientes igual que la sal. Aunque podamos pensar que huele mal, esta salsa, bien utilizada, da un sabor magnífico a los alimentos.

5 La salsa Hoisin

Salsa líquida de judías. Se utiliza en las salsas y los escabeches. No se puede sustituir por otro producto.

6 La pasta de curry

Todas las pastas de curry son una mezcla de diferentes especias y dan un sabor muy intenso. La más corriente es la que se realiza a base de pimiento, ajo, galanga, limoncillo, cilantro, malta y jengibre. La podemos comprar hecha o prepararla nosotros mismos (*véase p.14*). Siempre hay que recalentar la pasta en un poco de aceite durante 30 segundos para que desprenda el aroma. A continuación, añadimos la carne, el pescado o las hortalizas. Tenemos que procurar no excedernos con el aliño.

7 La leche de coco

Equivalente asiático de nuestra leche. No se trata del jugo del coco, sino de su pulpa, rallada, cocida en agua y filtrada. Normalmente se compra enlatada. También se encuentra como leche en polvo.

8 El *mirin*

Vino de arroz dulce para uso culinario. En Europa sólo se puede encontrar sin alcohol. Se puede sustituir por un poco de vino blanco mezclado con azúcar.

9 a 12 Los fideos

Existe una gran variedad de fideos. Se pueden fabricar a base de arroz, trigo, judías y huevos. Se comen calientes o fríos, fritos, salteados, cocidos al vapor o hervidos, en sopas o como acompañamiento para carnes o pescados. También se encuentran en forma de láminas redondas y planas (*véase la pasta brick*).

1 Los aceites

Aunque el aceite de oliva raramente se utiliza en la cocina asiática, lo encontraremos en algunas recetas de este libro. En la cocina asiática se utiliza sobre todo el aceite de cacahuete, que tiene un sabor muy dulce, y aguanta una temperatura alta, por lo que es muy adecuado para freír. También se puede utilizar el aceite de maíz y el de girasol.

2 El azúcar de palma

Fabricado a partir de la savia de la palmera, tiene un sabor un poco caramelizado. Se presenta en trozos grandes, que se rallan. Hay que conservarlo en botes muy herméticos para evitar que se seque. Cuanto más oscuro sea el azúcar, mejor. Si no encontramos azúcar de palma, utilizaremos azúcar moreno.

3 *Wasabi*

Rábano verde de Japón. Lo podemos encontrar en polvo, que se diluye en agua, o en tubo, listo para utilizar. El *wasabi* es de uso obligado en los *sushis*.

4 El tamarindo

Fruto cítrico seco que suele comercializarse en forma de salsa o pasta. Para realzar el sabor, la salsa o la pasta debe diluirse en agua caliente. Combina muy bien con el ajo y el jengibre.

5 Las semillas de sésamo

Blancas o negras, se compran en bolsitas. Se tuestan en seco en una sartén caliente hasta que desprendan aceite. Se utilizan como condimento suplementario para las ensaladas y los *sushis*.

6 El *sake*

Licor obtenido mediante la fermentación del arroz. Su sabor perfumado recuerda más a un vino que a un aguardiente. Se utiliza para las sopas y las salsas. En ningún caso puede sustituirse por el vino blanco corriente.

7 El aceite de sésamo

Se fabrica mediante el prensado de las semillas de sésamo. Se utiliza para dar sabor a las salsas y sopas. Como sólo se ponen algunas gotas cada vez, un frasco dura mucho tiempo.

8 La salsa de soja

Se fabrica a partir de habas de soja fermentadas, harina y sal. Se utiliza para condimentar salsas, escabeches y sopas. También podemos encontrar un tipo de salsa más negra y espesa, un poco azucarada. La salsa de soja clara recuerda un poco a la salsa de pescado.

9 La salsa *teriyaki*

Salsa líquida a base de soja, azúcar de palma y diferentes especias. Se utiliza en los escabeches y las salsas.

10 El vinagre de arroz

Vinagre dulce a base de arroz. En la cocina asiática el sabor agridulce es uno de los más tradicionales.

11 La salsa azucarada con chile

Mezcla de chile, salsa de pescado, tamarindo, pasta de camarones, chalotes y azúcar de palma. Se utiliza como salsa para untar o como condimento para los platos hechos en el *wok*. Es muy adecuada para acompañar el pollo asado.

1 El *chan*

Espátula de metal que se adapta a la forma del *wok*.

2 La cesta de bambú

Se utiliza para cocer los alimentos al vapor. Hay recipientes redondos y superponibles, de todos los tamaños. Tiene que dejarse en remojo dos horas antes de utilizarse. Lo más práctico es repartir los alimentos que coceremos en dos «capas», cubrirlos con una tapadera también de bambú, y ponerlo todo en un *wok* o en una cazuela con un poco de agua hirviendo al fondo.

3 El *wok*

Existen diferentes tipos:

Los *wok* con el fondo plano se pueden poner a cocer sobre placas eléctricas, mientras que los de fondo redondeado cuecen con gas o carbón. Si el *wok* es nuevo y hecho con chapa de hierro, hay que lavarlo y untarlo con aceite. A continuación lo ponemos al fuego y dejamos que se caliente. El aceite tiene que humear. A continuación lo dejamos enfriar y quitamos el aceite restante. Después de haber utilizado el *wok*, tenemos que pensar en untarlo con un poco de aceite antes de guardarlo.

4 Los palitos

Hay que practicar mucho.

La espumadera para freír

Es una paleta con agujeros que se utiliza para sacar los alimentos que se acaban de freír en aceite.

Pasta de curry rojo o verde

10 chiles rojos o verdes
2 cucharaditas de semillas de cilantro
5 cm de galanga, picada fina
1 tallo de limoncillo, picado fino
4 dientes de ajo
1 chalote
1 cucharadita de zumo de lima
2 cucharadas soperas de aceite de cacahuete

Ponemos todos los ingredientes en la batidora.
Removemos hasta obtener una pasta espesa.
Ponemos la pasta en un tarro y lo cerramos bien.
Lo guardamos en un lugar fresco.

Se puede conservar durante tres semanas.

Salsa agridulce

4 raciones

4 vasos de zumo de piña
4 cucharadas soperas de ketchup
1 cucharada sopera de concentrado de tomates
5 cucharadas soperas de azúcar
7 cucharadas soperas de vinagre de arroz

Ponemos todos los ingredientes en un cazo.
Lo dejamos cocer a fuego lento durante 20 minutos
mientras lo vamos removiendo.

Se puede servir al instante.

Salsa de ciruelas, mostaza y chile
Ideal para acompañar el pollo o la carne de cerdo

2 kg de ciruelas
500 g de cebollas, picadas
3 tacitas de vinagre de arroz
1 cucharadita de sal
1 cucharadita de jengibre rallado
1 cucharadita de granos de mostaza
1 chile rojo, picado fino
1 taza de azúcar moreno
100 g de pasas

Cortamos las ciruelas y les sacamos el hueso.
Picamos la pulpa de la fruta.
En una cazuela ponemos las ciruelas, la cebolla,
el vinagre de arroz, la sal, el jengibre, los granos
de mostaza y el chile.
Lo dejamos hervir, y vamos removiendo.
Dejamos cocer la mezcla a fuego lento durante
30 minutos.
Lo removemos de vez en cuando y después lo
escurrimos en un colador a través de un paño
de cocina.
Vertemos el líquido obtenido en un cazo y añadimos
el azúcar moreno y las pasas.
Lo dejamos cocer a fuego moderado durante
45 minutos, hasta que se espese.
Entonces ponemos la salsa en tarros limpios
y calientes, y los cerramos.
Lo guardamos en un lugar fresco.

Se conserva durante cuatro semanas.

Equivalencias y medidas
Cuando decimos:
taza = 1 taza de desayuno = 250 ml
vaso = 1 vaso de los de agua = 200 ml
tacita = 1 tacita de las de café = 100 ml
cucharada = 1 cucharada sopera
cucharadita = 1 cucharadita de las de postre

1 l = 5 vasos = 4 tazas

1 taza de desayuno de:
agua = 250 ml   arroz = 240 g   azúcar = 240 g   harina = 180 g

Raïta con chile y cilantro

4 raciones

3 cucharadas soperas de cilantro fresco, picado
1 chile verde, picado fino
2 cucharadas soperas de jengibre rallado
1 diente de ajo, picado fino
la corteza y el zumo de 2 limas
¹/₂ vaso de yogur natural
sal

Mezclamos los ingredientes en un cuenco.
Lo salamos.
Dejamos la salsa en el frigorífico durante 1 hora para que se mezclen todos los sabores.

Se conserva dos o tres días.

Aceite picante

3 vasos de aceite de oliva
4 guindillas
1 manojo de cilantro
2 dientes de ajo

Ponemos el aceite, las guindillas, el cilantro y el ajo en una botella limpia.
Dejamos reposar la mezcla durante 10 días antes de colarla.
Vertemos el aceite que hemos preparado en otra botella limpia.

Se conserva durante dos o tres meses.

Salsa verde al chile

6 chiles verdes
2 dientes de ajo
2 cucharadas soperas de aceite de oliva

Asamos los chiles en el horno a 250º C, hasta que se ennegrezcan.
Los dejamos enfriar y les quitamos la piel.
También les sacamos el rabillo y las pepitas.
Ponemos los chiles, el ajo y el aceite en la batidora.
Lo batimos hasta obtener una mezcla homogenea, y la vertemos en un tarro con tapa.

Se conserva durante tres o cuatro semanas.

Salsa *satay*

4-6 raciones

3 cucharadas soperas de aceite de cacahuete
1 cucharada sopera de chile, picado fino
10 chalotes, picados finos
1 cucharada sopera de cilantro molido
1 tallo de limoncillo, picado fino
$1/2$ l de leche de coco
3 cucharadas soperas de azúcar
un poco de sal
3 cucharadas soperas de manteca de cacahuete
100 g de cacahuetes, picados

En una cazuela, calentamos el aceite de cacahuete.
Freímos el pimiento, el chalote, el cilantro y el
limoncillo hasta que la cebolla se ablande.
Añadimos la leche de coco, el azúcar, la sal y la
manteca de cacahuete.
Dejamos cocer la salsa durante 10 minutos, hasta
que tome consistencia.
Si queda demasiado espesa le añadimos un poco
de agua.
Ponemos la salsa en un cuenco y la salpicamos
de cacahuetes.

Se conserva durante una semana.

Salsa dulce de cacahuetes

$1/2$ vaso de vinagre de arroz
60 g de azúcar de palma o azúcar moreno
1 cucharadita de sal
$1/2$ cucharadita de chile seco, triturado
1 taza de cacahuetes triturados
1 cucharada sopera de cilantro fresco, picado

En un cazo ponemos el vinagre, el azúcar y la sal.
Cuando hierva, lo dejamos cocer a fuego lento hasta
que se disuelva el azúcar.
Sacamos el cazo del fuego.
Añadimos el chile, los cacahuetes y el cilantro.
Lo mezclamos bien y ponemos la salsa en un
cuenco.

Debe consumirse el mismo día que se prepara.

Vinagreta a la menta
(nuoc cham)

Se utiliza para bañar los rollitos de primavera.

2 cucharadas soperas de vinagre de vino tinto
2 cucharadas soperas de salsa de pescado
1 cucharada sopera de azúcar
1 diente de ajo, picado fino
$1/2$ chile, picado fino
5 hojas de menta, picadas finamente

Mezclamos todos los ingredientes en un cuenco.
Lo guardamos en un lugar fresco.

Se conserva durante una semana.

Jengibre confitado

250 g de jengibre fresco
2 cucharadas soperas de azúcar
2 vasos de zumo de limón

Cortamos el jengibre en rodajas lo más finas posible.
Mezclamos el azúcar y el zumo de limón.
Ponemos la mezcla en un tarro con tapa.
Si es necesario, añadimos más zumo de limón
(el zumo tiene que cubrir el jengibre).
Lo guardamos en el frigorífico.
Estará listo para su consumo al cabo de dos días.

Se puede conservar durante unos dos meses.

Vinagreta tailandesa

Se utiliza para condimentar las ensaladas.

1 cucharada sopera de aceite de sésamo
1 tacita de salsa de soja clara
2 cucharadas soperas de zumo de lima
1 cucharada sopera de azúcar de palma o azúcar
moreno
1 chile rojo, picado fino
1 cucharada sopera de salsa de pescado
(opcional)

Mezclamos los ingredientes en un cuenco.

Se puede conservar durante una semana
en el frigorífico.

En resumen, lo que siempre debemos tener a mano en la despensa es:

1. Salsa de judías negras
2. *Bok choi*
3. Cilantro
4. Salsa de pescado
5. Pasta de curry
6. Láminas de pasta *brick*
7. Galanga
8. Chiles
9. Hojas de lima
10. Limas
11. Salsa Hoisin
12. Leche de coco
13. Salsa dulce con picante
14. Azúcar de palma
15. Limoncillo
16. Boniatos
17. Tallarines chinos
18. Salsa de soja
19. Vinagre de arroz
20. *Sake*
21. Aceite de sésamo
22. Albahaca tailandesa
23. *Mirin*
24. Tamarindo
25. Salsa *teriyaki*
26. *Wasabi*

1

2

3

4

5

6

7

8

9

10

11

12

13

14

15

16

17

18

19

20

21

22

23

24

25

26

hortalizas

Judías verdes fritas

4 raciones

350 g de judías verdes
1 chile seco
4 cucharadas de aceite de cacahuete
1 cucharada sopera de ajo, picado fino
1 cucharada sopera de jengibre, picado fino
1 cucharada sopera de salsa de judías negras
2 cucharadas soperas de salsa de soja dulce
4 cucharadas de agua
1 cucharada sopera de aceite de sésamo
1 cucharada sopera de vinagre de arroz
2 cucharadas soperas de vino de Jerez
$1/2$ cucharadita de sal
1 cucharadita de azúcar

Cortamos las judías verdes en dos.
Cortamos el chile en trozos pequeños.
En un *wok*, calentamos 5 cl de aceite de cacahuete.
Freímos las judías durante 30 segundos.
Dejamos que se escurran sobre un papel absorbente.
En un *wok*, calentamos una cucharada sopera de aceite
de cacahuete.
Freímos el ajo, el jengibre, la salsa de judías negras
y el chile hasta que el ajo esté dorado.
Añadimos la salsa de soja, el agua, el aceite de sésamo,
el vinagre, el vino de Jerez, la sal y el azúcar.
Dejamos cocer la salsa 4 minutos.
Añadimos las judías.
Lo dejamos cocer 1 minuto más.
Lo servimos en cuencos individuales.

Judías verdes fritas

Sopa de lentejas
con coco y cilantro

4-6 raciones

2 cucharaditas de semillas de hinojo
2 cucharaditas de semillas de cilantro
4 cucharadas soperas de aceite de sésamo
2 cebollas tiernas, cortadas en rodajas
2 zanahorias, ralladas
2 cebollas rojas, cortadas en rodajas
2 hojas de lima
4 dientes de ajo, picados
1 cucharada sopera de chile rojo, picado fino
4 cm de jengibre, rallado
2 vasos de leche de coco
8 cucharadas de lentejas rojas
2 cucharaditas de salsa de pescado
4 cucharadas soperas de zumo de lima
1 manojo de cilantro, picado
5 tazas de agua

En una paella caliente, ponemos las semillas de hinojo
y de cilantro.
Las tostamos en seco hasta que se desprenda el aroma
de las especias.
Las dejamos enfriar.
Machacamos las semillas en un mortero.
En un *wok*, freímos en aceite las cebollas tiernas, las
zanahorias, las cebollas rojas, las hojas de lima, el ajo,
el chile y el jengibre.
Lo dejamos cocer a fuego lento durante 5 minutos.
Añadimos las semillas machacadas, la leche de coco,
y el agua.
Cuando hierva, añadimos las lentejas.
Dejamos cocer la sopa unos 10 minutos, hasta que las
lentejas estén tiernas.
La condimentamos con la salsa de pescado.
Antes de servir, mezclamos el zumo de lima y el cilantro
en la sopa.

Sopa de lentejas con coco y cilantro

Sopa espesa de zanahorias, coco y comino

4 raciones

1 kg de zanahorias
6 cebollas rojas
4 dientes de ajo
3 cm de jengibre
1 chile rojo
4 cucharadas soperas de aceite de sésamo
2 cucharaditas de comino
$1/2$ cucharadita de semillas de hinojo
1 cucharadita de azafrán de las Indias
1 l de leche de coco
1 taza de agua
1 manojo de cilantro, picado
sal y pimienta

Pelamos las zanahorias, las cebollas, el ajo y el jengibre
y los cortamos en rodajas finas.
Cortamos el chile en dos trozos, le sacamos las pepitas,
y picamos la pulpa.
Calentamos el aceite en una cazuela.
Freímos el chile, el ajo, el jengibre, el comino y el hinojo
durante 1 minuto.
Añadimos las cebollas rojas.
Dejamos cocer la mezcla a fuego lento 4 minutos, hasta
que la cebolla se ablande.
Añadimos las zanahorias y el azafrán de las Indias.
Bajamos el fuego y lo dejamos cocer otra vez a fuego
lento durante 10 minutos.
Añadimos la leche de coco y el agua.
Dejamos cocer la sopa a fuego lento 10 minutos.
La dejamos enfriar.
Ponemos la sopa en una batidora.
Batimos hasta obtener un puré fino.
Volvemos a calentar la sopa y la sazonamos con sal
y pimienta.
Antes de servir, incorporamos el cilantro picado.

Sopa espesa de zanahorias, coco y comino

Sopa de boniatos al limoncillo

4 raciones

1 kg de boniatos, pelados y cortados a trozos
1 cucharada sopera de aceite de cacahuete
2 cucharadas soperas de jengibre rallado
2 cucharaditas de comino
1 chile rojo, picado fino
2 tallos de limoncillo, picados finamente
3 vasos de caldo vegetal
2 vasos de leche de coco
1 cucharada sopera de azúcar de palma
o azúcar moreno
1 manojo de cilantro, picado
1 chile rojo, picado fino (para decorar)

Cocemos los boniatos hasta que se ablanden.
Tiramos el agua.
En un *wok*, calentamos el aceite.
Añadimos el jengibre, el comino, el chile y el limoncillo.
Dejamos cocer la mezcla a fuego lento 3 minutos,
y después la ponemos en la batidora.
Batimos hasta obtener un puré homogéneo y, a
continuación, lo introducimos en una cazuela.
Añadimos el caldo vegetal, la leche de coco y el azúcar.
Removemos hasta que la sopa empiece a hervir.
La dejamos cocer unos minutos más.
Ponemos la sopa en cuencos que estén calientes
y esparcimos cilantro y chile por encima.

(dulce)

Sopa de boniatos al limoncillo

Rollos de espinacas con jengibre y semillas de sésamo

4 raciones (como entremés)

1 kg de espinacas, lavadas y sin tallos
100 g de jengibre confitado (*véase p. 18*)
4 cucharadas soperas de semillas de sésamo blancas
4 cucharadas soperas de semillas de sésamo negras
salsa de soja
wasabi
sal

Hervimos agua en una cazuela.
Echamos un poco de sal.
Cocemos las espinacas en porciones (hasta que se ablanden).
Las sacamos del fuego y las ponemos en un gran cuenco lleno de agua fría.
Luego dejamos que se escurran en un colador.
Eliminamos el agua restante.
Ponemos una pequeña cantidad de espinacas sobre una tabla de *sushis* y las enrollamos en forma de salchichón.
Las cortamos en trozos de 3 cm de espesor.
Las colocamos verticalmente en una fuente.
Esparcimos un poco de jengibre confitado y granos de sésamo sobre cada rollo.
Se sirven con la salsa de soja y el *wasabi*.

(cocina)

Rollos de espinacas con jengibre y semillas de sésamo

Ensalada agridulce
con limón y jengibre

4 raciones

6 limones
1 diente de ajo
2 cm de jengibre
2 cucharaditas de miel
1 cucharadita de azúcar moreno
1 vaso de aceite de oliva
1 pimiento
1 pepino
100 g de brotes de soja
$^1/_2$ col lombarda o col de Saboya
2 cucharadas soperas de semillas de sésamo
sal y pimienta

Pelamos sólo tres de los limones, pero exprimimos
los seis.
En un cazo, ponemos la corteza y el zumo de limón,
el ajo, el jengibre, la miel y el azúcar.
Cuando la salsa hierva, la dejamos cocer a fuego lento
hasta que se reduzca a la mitad.
Salpimentamos.
La dejamos enfriar.
Colamos la salsa e incorporamos el aceite de oliva.
Cortamos el pimiento, el pepino y la col en trozos
pequeños.
En un cuenco, mezclamos el pimiento, el pepino,
los brotes de soja, la col y las semillas de sésamo.
Vertemos la vinagreta por encima.
Dejamos reposar la ensalada 20 minutos antes de
servirla, para que todos los sabores tengan tiempo
de mezclarse.

Esta ensalada se puede servir como entremés o como
acompañamiento para carnes y pescados asados.

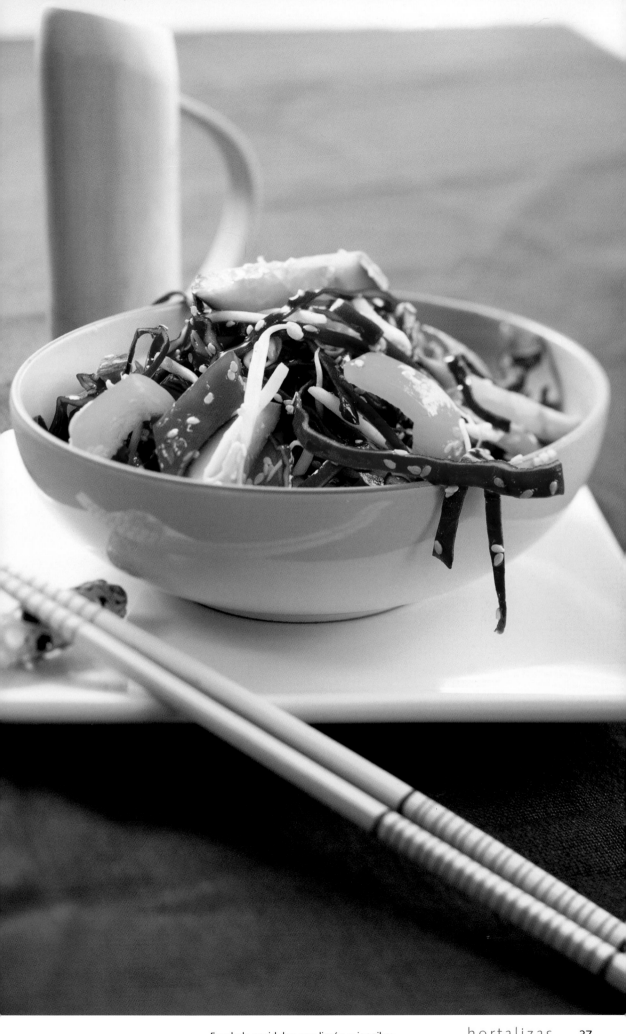

Ensalada agridulce con limón y jengibre hortalizas

Tortitas de maíz al chile

15 unidades aproximadamente

4 mazorcas de maíz
4 huevos
$\frac{1}{2}$ vaso de nata fresca
4 cucharadas de polenta
4 cucharadas de maicena
3 cebollas tiernas, picadas finamente
1 chile rojo, picado fino
aceite de cacahuete para freír
sal
pimienta

Cocemos las mazorcas de maíz durante 3 minutos.
Las ponemos en agua fría, y las desgranamos.
En un recipiente, mezclamos los huevos, la nata fresca,
la polenta, la maicena, las cebollas tiernas, el chile, la sal
y la pimienta.
Añadimos los granos de maíz, y mezclamos bien.
En una paella, calentamos el aceite.
Con la ayuda de una cuchara sopera, ponemos
la mezcla en pequeñas cantidades para dar forma
a las tortitas.
Freímos las tortitas 1 minuto por cada lado.
Se sirven calientes.

Tortitas de maíz al chile

Ensalada tailandesa de melón

4 raciones

1 cucharada sopera de salsa de pescado
2 cucharadas soperas de zumo de lima
$1/2$ cucharadita de sal
1 cucharadita de azúcar moreno
1 guindilla, picada fina
la corteza de una lima
1 cebolla tierna, picada fina
$3/4$ vaso de leche de coco
500 g de diferentes melones cortados a dados
(sandía, melón de Cavaillon, melón cantalupo)
2 cucharadas soperas de cacahuetes, salados
y picados
2 cucharadas soperas de cilantro fresco,
picado fino

En un cuenco, mezclamos la salsa de pescado y el zumo
de lima.
Añadimos la sal y el azúcar y removemos hasta que el
azúcar se disuelva totalmente.
Añadimos la guindilla, la corteza de lima, la cebolla
tierna y la leche de coco.
Mezclamos bien.
Ponemos los trozos de melón en un cuenco.
Vertemos la vinagreta por encima.
Esparcimos cacahuetes y cilantro por encima.

La ensalada se puede servir como acompañamiento para
la carne asada o como entremés.

Ensalada tailandesa de melón

Crepes coreanas de calabacín con vinagreta de soja y chile

4 raciones

1 ½ vaso de harina de trigo
3 huevos
1 vaso de leche
1 cucharadita de sal
150 g de calabacines rallados

para freír:
2 cucharadas soperas de aceite de cacahuete

para la vinagreta:
6 cucharadas soperas de salsa de soja japonesa
3 cucharaditas de aceite de sésamo
2 cucharadas soperas de vinagre de vino blanco
3 cucharadas soperas de azúcar
2 dientes de ajo, picados finamente
1 cebolla tierna, picada fina
1 cucharadita de chile rojo

Batimos la harina, los huevos, la leche y la sal.
Dejamos que la mezcla suba durante 20 minutos.
Para preparar la vinagreta, mezclamos en un cuenco la
salsa de soja, el aceite, el vinagre, el azúcar, el ajo, la
cebolla tierna y el chile rojo.
Removemos hasta que el azúcar se disuelva.
Calentamos el aceite en una paella pequeña.
Añadimos los calabacines rallados a la pasta de crepes.
La ponemos en la paella y la freímos en forma de crepe
gruesa a fuego medio, 7 minutos por cada lado.
Cortamos la crepe en lengüetas y la servimos caliente,
cubierta de vinagreta.

Crepes coreanas de calabacín con vinagreta de soja y chile

Ensalada de zanahorias a la menta

4 raciones (como acompañamiento)

2 zanahorias grandes
$^3/_4$ vaso de agua
4 cucharadas de vinagre de vino blanco
1 cucharada sopera de azúcar en polvo
$^1/_2$ cucharadita de sal
2 cucharadas soperas de menta picada

Pelamos las zanahorias y las cortamos en láminas
largas y finas.
En un cuenco, mezclamos el agua, el vinagre,
el azúcar y la sal.
Añadimos las zanahorias y las dejamos reposar 1 hora
aproximadamente.
Colamos el aliño y ponemos las zanahorias en un
cuenco.
Espolvoreamos con la menta.

Esta ensalada acompaña muy bien la carne asada.

Ensalada de zanahorias a la menta

Rollitos de primavera a la menta

4 raciones

200 g de carne picada
2 cucharadas soperas de salsa de pescado
1 chile rojo, picado fino
1 vaso de brotes de soja
$^1/_2$ vaso de zanahorias ralladas
20 hojas de menta, picadas finamente
8 láminas de rollitos de primavera o de pasta *brick*
1 yema de huevo
aceite para freír

En un cuenco, mezclamos la carne, la salsa de pescado, el chile, los brotes de soja, las zanahorias y la menta.
Ponemos un poco de esta mezcla en cada rollito de primavera.
Los enrollamos en forma de pequeñas salchichas.
Pegamos los bordes con un poco de yema de huevo.
Calentamos el aceite lo suficiente como para que chisporrotee alrededor de una cuchara de madera sumergida dentro.
Freímos los rollitos de primavera hasta que estén dorados.
Los dejamos escurrir sobre papel absorbente.
Los servimos con hojas de lechuga, hojas de menta y una vinagreta a la menta (*véase p. 18*).

Rollitos de primavera a la menta

Rollitos de primavera en hojas de lechuga

4 raciones

1 lechuga (tipo batavia)
2 cucharadas soperas de aceite de cacahuete
10 dientes de ajo, picados finamente
2 chuletas de cerdo
2 cucharadas soperas de aceite de cacahuete
$^1/_2$ cabeza de col pequeña, picada fina
4 zanahorias, cortados a láminas finas
1 cebolla, picada fina
200 g de judías verdes, lavadas
1 cubito de caldo vegetal
2 cucharadas soperas de salsa de soja
1 cucharadita de azúcar moreno
1 vaso de agua
100 g de brotes de soja
200 g de camarones lavados
pimienta

Lavamos la lechuga y arrancamos las hojas una a una.
Las ponemos en un cuenco.
En un *wok*, calentamos el aceite.
Freímos el ajo hasta que esté dorado.
Lo dejamos escurrir sobre papel absorbente.
Hervimos un poco de agua, ponemos las chuletas
y las dejamos cocer unos 10 minutos, hasta que
estén blandas.
Sacamos las chuletas y cortamos la carne en lonchas
finas.
Calentamos un poco de aceite en el *wok*.
Freímos la col, las zanahorias, la cebolla, la carne
y las judías durante algunos minutos.
Añadimos el caldo, la salsa de soja, el azúcar y el agua.
Dejamos cocer la mezcla a fuego lento 5 minutos.
Sazonamos con pimienta.
Añadimos los brotes de soja y los camarones.
Ponemos la mezcla en un cuenco.
La repartimos en las hojas de lechuga y esparcimos
ajo frito por encima.

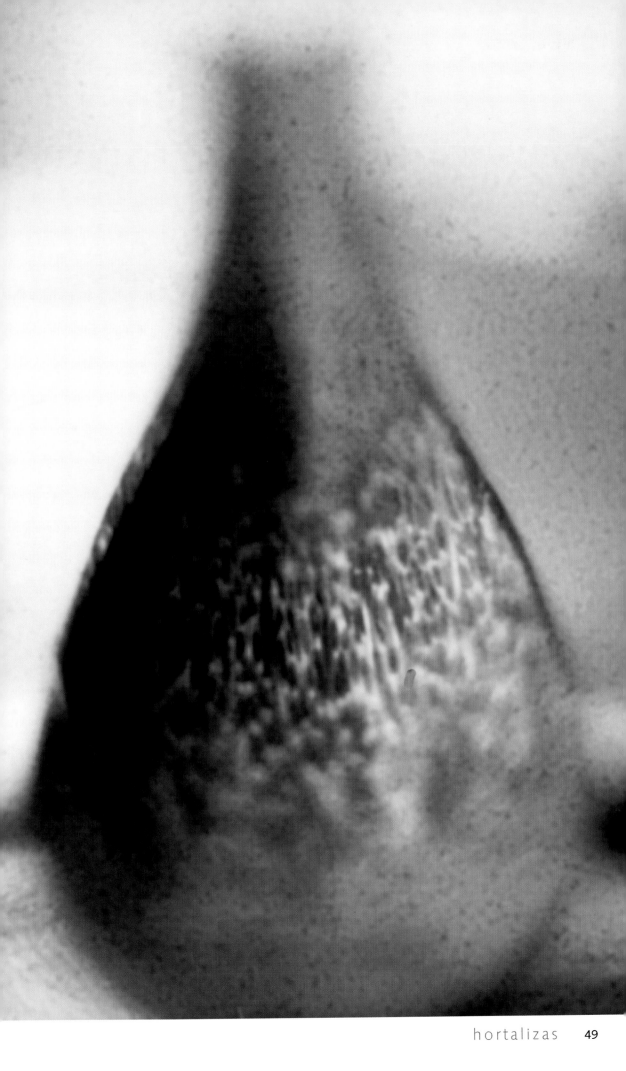

Hortalizas asadas con miel y sésamo

4-6 raciones

2 cucharadas soperas de aceite de cacahuete
3 cebollas rojas, cortadas en rodajas
3 pimientos rojos, cortados a trozos
2 calabacines pequeños, cortados a trozos
300 g de judías verdes, lavadas
2 cucharadas soperas de salsa de soja
3 cucharadas soperas de miel
1 cucharada sopera de semillas de sésamo
sal y pimienta

Calentamos el horno previamente a 180º C.
Cubrimos una bandeja de horno con papel vegetal.
Ponemos las cebollas y los pimientos sobre el papel.
Echamos unas gotas de aceite.
Cocemos las hortalizas en el horno durante 20 minutos.
Añadimos los calabacines y las judías y lo dejamos cocer
8 minutos más.
En un cazo calentamos la salsa de soja, la miel
y las semillas de sésamo.
Salpimentamos.
Ponemos las hortalizas en un cuenco y vertemos
la vinagreta por encima.
Se sirven calientes.

Este plato es un buen acompañamiento para la carne
o el pescado. También se puede servir como plato
principal.

Hortalizas asadas con miel y sésamo

pasta

Rollitos de fideos con pollo

4 raciones

2 cucharadas soperas de aceite de oliva
2 filetes de pollo
6 tortas de arroz
hojas de lechuga
100 g de fideos cocidos
1 zanahoria, cortada en láminas finas
menta

Calentamos el aceite en un *wok*.
Freímos los filetes de pollo durante 3 o 4 minutos por
cada lado.
Los dejamos reposar en una tabla de cortar.
Cortamos los filetes de pollo en trozos finos.
En el centro de las tortas de arroz, ponemos un poco
de pollo, hojas de lechuga, fideos y láminas de
zanahoria.
Las enrollamos y las cortamos en trozos de 4 cm
de grosor.
Decoramos los rollitos con la menta y los servimos
cubiertos de una vinagreta a la menta.

(riqueza)

Ensalada de *bok choi* con fideos

4 raciones

200 g de fideos
2 cucharadas soperas de aceite de cacahuete
4 dientes de ajo, picados finamente
4 cm de jengibre, picado fino
4 *bok choi* pequeños
100 g de anacardos
2 cebollas tiernas, cortadas en rodajas
el zumo de 2 limas

Ponemos los fideos en un cuenco.
Vertemos agua hirviendo encima y dejamos que se hinchen 5 minutos.
Colamos el agua.
En un *wok*, calentamos el aceite.
Añadimos el ajo, el jengibre y la cebolla roja.
Freímos esta mezcla durante 4 minutos.
Cortamos los *bok choi* en seis trozos a lo largo, y los ponemos en el *wok*.
Los freímos a su vez, durante unos 4 minutos.
Añadimos los anacardos, las cebollas tiernas, el zumo de lima y los tallarines.
Repartimos la ensalada en cuencos, y a continuación la servimos.

Ensalada de *bok choi* con fideos

Ensalada de tallarines tailandeses con carne

4 raciones

$^1/_2$ vaso de vinagre de arroz
$^1/_2$ vaso de azúcar moreno
4 cucharadas soperas de salsa de soja
4 cucharadas soperas de salsa de pescado
2 cucharadas soperas de aceite de cacahuete
1 cucharada sopera de pasta de curry rojo
(*véase p. 8*)
4 chuletas de cerdo, cortadas en trozos finos
12 cigalas, limpias
4 cebollas tiernas, cortadas en rodajas
4 chalotes, cortados en rodajas
200 g de tallarines de arroz cocidos
aceite de cacahuete para freír
100 g de brotes de soja
1 chile rojo, cortado en rodajas
cilantro

En un cazo mezclamos el vinagre, el azúcar, la salsa de
soja y la salsa de pescado.
Dejamos que hierva y lo mezclamos hasta que se
disuelva el azúcar.
Guardamos el adobo en un sitio donde se conserve
caliente.
En un *wok*, calentamos el aceite de cacahuete y freímos
la pasta de curry durante 30 segundos.
Incorporamos los trozos de carne y los cocemos hasta
que estén dorados.
Añadimos las cigalas, las cebollas tiernas y los chalotes.
Lo dejamos cocer hasta que las cigalas cambien de color.
Guardamos la mezcla en un lugar donde se conserve
caliente.
En una cazuela, calentamos el aceite de freír.
Freímos los tallarines por raciones, para que se hinchen
y se vuelvan crujientes.
Dejamos que se escurran sobre una hoja de papel
absorbente.
Ponemos los tallarines en cuatro cuencos.
Repartimos la mezcla de carne, el adobo, los brotes
de soja, el chile y el cilantro, y lo servimos.

Ensalada de tallarines tailandeses con carne

Tallarines fritos con pollo y judías negras

6 raciones

2 dientes de ajo, picados finamente
2 cucharadas soperas de aceite de soja
1 o 2 cucharadas soperas de aceite de sésamo
2 filetes de pollo
600 g de tallarines de arroz
2 cucharadas soperas de aceite de sésamo
2 cucharadas soperas de aceite de cacahuete
2 cucharadas soperas de salsa de judías negras
2 dientes de ajo, picados finamente
1 cucharada sopera de jengibre picado
$^1/_2$ cucharadita de chile seco y triturado
2 cebollas rojas, cortadas en rodajas
1 pimiento amarillo, cortado en trozos
1 pimiento rojo, cortado en trozos
150 g de judías tiernas
$^1/_2$ vaso de caldo de gallina

Preparamos un adobo de ajo, aceite de soja y de sésamo, y sumergimos en él los filetes de pollo durante 30 minutos.
Cocemos los tallarines en un agua bien salada, siguiendo la receta que se indica en el paquete.
Colamos el agua, enjuagamos los tallarines con agua fría, y a continuación los colocamos en una bandeja recubierta de papel vegetal.
Echamos unas gotas de aceite de sésamo y metemos los tallarines en el horno a 200° C.
Dejamos que se doren durante 6 u 8 minutos y a continuación les damos la vuelta para que se doren por el otro lado.
En un *wok*, calentamos el aceite de cacahuete y freímos los filetes de pollo 3 o 4 minutos por cada lado.
Cortamos los filetes de pollo en trozos y los dejamos aparte.
Ponemos la salsa de judías negras, el ajo, el jengibre, el chile, las cebollas rojas, y los pimientos en el *wok*. Dejamos cocer la mezcla a fuego lento hasta que la cebolla esté tierna. Añadimos las judías tiernas, el caldo de gallina y los filetes de pollo en trozos.
Ponemos los tallarines en una fuente y los cubrimos con la mezcla de pollo.

Cucuruchos de espaguetis condimentados

6 raciones

12 láminas de pasta *brick*
harina de trigo
aceite para freír
100 g de espaguetis
300 g de lomo de cerdo, en trozos pequeños
1 cucharada sopera de jengibre rallado
2 dientes de ajo, picados finamente
5 chalotes, picados finamente
1 cucharada sopera de chile, picado fino
6 cucharadas soperas de salsa de soja dulce
1 cebolla tierna, picada fina
agua
aceite

Empezamos por los cucuruchos.
Enrollamos una lámina de *brick* alrededor de un palito
redondo.
Mezclamos un poco de agua con la harina y utilizamos
esta mezcla para pegar unos bordes con los otros.
Dejamos que la pasta se seque un poco antes de sacarla
del palito.
En una cazuela, calentamos el aceite.
Freímos los cucuruchos hasta que estén dorados.
Dejamos que se escurran sobre papel absorbente.
Cocemos los espaguetis en agua bien salada.
Colamos el agua.
Echamos unas gotas de aceite sobre la pasta.
Cocemos la carne, el jengibre, el ajo, el chalote, el chile
y la salsa de soja en un poco de aceite.
Mezclamos con los espaguetis.
Rellenamos los cucuruchos con esta mezcla.
Antes de servir, esparcimos cebolla picada finamente.

Cucuruchos de espaguetis condimentados

Ensalada de tallarines con cigalas

6 raciones

500 g de tallarines de arroz
5 cucharadas soperas de aceite de cacahuete
2 cucharaditas de aceite de sésamo oscuro
1 cucharada sopera de salsa de soja
1 cucharada sopera de *sake*
1 cucharada sopera de azúcar moreno
2 cucharadas soperas de zumo de lima
18 cigalas
100 g de una mezcla de albahaca, perejil
y cilantro, picados

Hervimos el agua.
Cocemos los tallarines siguiendo las instrucciones
que se indican en el paquete.
Colamos el agua.
Aclaramos los tallarines con agua fría.
En un cuenco, mezclamos el aceite de cacahuete,
el aceite de sésamo, la soja, el *sake*, el azúcar
y el zumo de lima.
Enjuagamos las cigalas, las cortamos a lo largo,
y sacamos el cordón negro que tienen detrás.
Las ponemos a macerar en el escabeche durante
2 horas.
Después colamos el escabeche y lo reservamos.
Asamos las cigalas en el horno hasta que se vuelvan
de color rosa (unos 2 o 3 minutos).
Mezclamos las hierbas con el escabeche.
Repartimos los tallarines y las cigalas en cuencos,
echamos el escabeche con hierbas por encima
y lo servimos.

Ensalada de tallarines con cigalas

Tallarines con vieiras

4 raciones

2 cucharadas soperas de aceite de sésamo
8 chalotes, cortados en dos
1 cucharada sopera de jengibre rallado
200 g de judías verdes
250 g de brécoles, en pequeños manojos
3 cucharadas soperas de salsa de ostras
2 cucharadas soperas de salsa de chile
350 g de tallarines cocidos
3 cucharaditas de aceite picante (*véase p. 16*)
12 vieiras limpias
gajos de lima

En un *wok*, calentamos el aceite.
Ponemos los chalotes y el jengibre, y los freímos
durante 2 minutos.
Añadimos las judías, los brécoles, la salsa de ostras,
y la salsa de chile.
Incorporamos los tallarines cocidos.
Dejamos que se calienten los ingredientes.
En una paella, echamos el aceite picante.
Freímos las vieiras 20 segundos por cada lado.
Ponemos los tallarines y las vieiras en cuencos
y decoramos con gajos de lima.

Vieiras con tallarines y jengibre

4 raciones (como entremés)

150 g de tallarines
8 vieiras limpias
2 cucharadas soperas de aceite de cacahuete
jengibre confitado (*véase p. 18*)
4 cm de jengibre, rallado
4 cucharaditas de vinagre de arroz
4 cucharaditas de azúcar blanco
$\frac{1}{2}$ chile rojo, picado fino
sal y pimienta

Cocemos los tallarines siguiendo las indicaciones
que se muestran en el paquete.
Colamos el agua.
En una fuente, ponemos ocho pilas pequeñas
de tallarines.
Espolvoreamos las vieiras con sal y pimienta.
En un *wok*, las freímos en aceite unos 20 segundos
por cada lado y a continuación las cortamos en dos.
Introducimos un poco de jengibre confitado entre las
dos mitades y ponemos una vieira sobre cada pila
de tallarines.
Espolvoreamos un poco de chile picado.
Batimos el jengibre, el vinagre y el azúcar.
Echamos unas gotas sobre cada pila en el momento
de servir.

Vieiras con tallarines y jengibre

pescados
y mariscos

Sopa tailandesa

6 raciones

2 cucharadas soperas de aceite de cacahuete
$1/2$ chile seco triturado
8 dientes de ajo, cortados en rodajas
8 cebollas tiernas, cortadas en rodajas
2 vasos de agua
500 g de mejillones
500 g de almejas
$1/2$ vaso de *sake*
200 g de tallarines cocidos
$1/2$ vaso de salsa de pescado
hojas de albahaca fresca

En un *wok*, calentamos el aceite.
Ponemos el chile, el ajo y la cebolla tierna en el aceite.
Freímos esta mezcla unos 30 segundos.
Añadimos el agua y el *sake*, y lo dejamos hervir.
Limpiamos los mejillones y las almejas, y los echamos
a la sopa.
Lo dejamos cocer a fuego lento 5 minutos, hasta que
se abran las conchas.
Repartimos los tallarines cocidos y la salsa de pescado
en seis cuencos.
Vertemos la sopa encima y esparcimos albahaca
finamente picada.

Sopa de salmón al cilantro

4-6 raciones

250 g de filete de salmón, cortado en 12 trozos
4 cucharadas de zumo de limón
2 chiles rojos, despepitados
4 dientes de ajo
6 cm de jengibre
1 cucharadita de semillas de cilantro
4 cucharadas soperas de aceite de sésamo
120 cl de leche de coco
$^1/_2$ taza de caldo de pescado
4 cucharadas de salsa de pescado
200 g de tallarines cocidos
2 cebollas tiernas, cortadas a rodajas
menta, cortada en tiras

Marinamos los filetes de salmón en el zumo de limón
durante media hora a temperatura ambiente.
Ponemos el chile, el ajo, el jengibre, el cilantro y el
aceite en la batidora.
Batimos hasta obtener una pasta fluida.
Calentamos una cazuela y ponemos esta pasta.
Añadimos la leche de coco, el caldo de pescado,
y mezclamos bien.
Dejamos cocer la sopa durante 10 minutos.
Añadimos la salsa de pescado, los tallarines y el salmón.
Sacamos la sopa del fuego y la dejamos reposar hasta
que el salmón esté cocido, es decir, 1 o 2 minutos
aproximadamente.
Ponemos la sopa en cuencos.
Antes de servir, esparcimos menta y cebolla tierna
por encima.

Sopa de salmón al cilantro

Salmón *teriyaki*

4 raciones

600 g de filete de salmón
$^{1}/_{2}$ vaso de salsa de soja japonesa
$^{1}/_{2}$ vaso de *mirin* o de vino blanco
$^{1}/_{2}$ vaso de *sake*
8 cucharaditas de azúcar
2 cucharadas soperas de aceite de cacahuete
400 g de espinacas limpias
4 cucharadas soperas de semillas de sésamo

Partimos el salmón en cuatro partes iguales.
En un cuenco, mezclamos la salsa de soja, el *mirin*,
el *sake* y el azúcar.
Calentamos un poco de aceite en una paella.
Freímos el pescado a fuego vivo para que se dore bien
(el centro puede quedar casi crudo).
Ponemos las espinacas en una cazuela con un poco
de mezcla de salsa de soja y las cocemos al vapor hasta
que se ablanden.
A continuación las ponemos en platos y colocamos
el salmón encima.
Lo cubrimos de salsa y esparcimos semillas de sésamo.
Se sirve con arroz.

Ostras con *wasabi* y pepino

4 raciones (como entremés)

12 ostras
$1/2$ pepino, cortado en láminas finas
1 cebolla tierna, cortada en rodajas
1 o 2 cucharaditas de pasta de *wasabi*
2 o 3 cucharadas soperas de zumo de lima
pimienta negra molida

Abrimos la concha de las ostras y sacamos su contenido.
En un cuenco, mezclamos el pepino, la cebolla tierna, la
pasta de *wasabi*, el zumo de lima y la pimienta.
Ponemos un poco de esta mezcla en cada concha y
colocamos una ostra encima.

Ostras con *wasabi* y pepino

Curry de cangrejo
(gang pet poo)

4 raciones

2 cucharadas soperas de aceite de cacahuete
1,5 cucharaditas de pasta de curry, al gusto
(*véase p. 8*)
$^1/_2$ vaso de leche de coco
1 hoja de lima, cortada en tiras finas
12 patas de cangrejo enteras, cocidas
$^3/_4$ vaso de caldo de pescado
2 cucharadas soperas de azúcar
1 cucharadita de sal
100 g de brotes de bambú
1 chile rojo, picado fino
1 manojo de cilantro fresco, picado fino

En un *wok*, calentamos el aceite de cacahuete.
Freímos la pasta de curry en el aceite durante unos
30 segundos.
Añadimos la leche de coco, la hoja de lima, las patas
de cangrejo, el caldo de pescado, el azúcar, la sal,
los brotes de bambú y el chile.
Dejamos cocer la mezcla a fuego lento unos 10 minutos,
sin dejar de remover.
Lo ponemos en un cuenco.
Espolvoreamos cilantro por encima y lo servimos.

Curry de cangrejo

Pastel de cangrejo con cilantro y pepino salado

6 raciones

1 pepino, cortado en daditos
2 cucharadas soperas de sal marina
3 cucharadas soperas de azúcar moreno
el zumo de 1 limón
400 g de boniatos rallados
800 g de patatas ralladas
3 cucharadas soperas de maicena
1 cucharadita de sal
1 cucharadita de pimienta molida
2 cebollas tiernas en rodajas
3 o 4 cucharadas soperas de aceite de cacahuete
2 cangrejos, frescos o congelados
1 manojo de cilantro, picado
aceite de sésamo
1 huevo

En un cuenco, mezclamos los dados de pepino y la sal.
Los dejamos reposar 30 minutos, y a continuación los
escurrimos en un colador.
Los aclaramos con agua fría.
Los aliñamos con el azúcar y el zumo de limón.
Mezclamos los boniatos, las patatas, el huevo, la
maicena, la sal, la pimienta y las cebollas tiernas.
Dividimos la mezcla de manera que formemos doce
pastelitos redondos y planos.
En una paella, calentamos el aceite de cacahuete.
Freímos los pastelitos 4 minutos por cada lado, y a
continuación los reservamos en un lugar donde se
conserven calientes.
Mezclamos la carne de cangrejo y el cilantro.
Colocamos un pastelito caliente de patatas en
cada plato.
Ponemos una capa de cangrejo encima y después
lo cubrimos con otro pastelito de patatas.
Lo completamos con un poco de pepino por encima.
Echamos unas gotas de aceite de sésamo, y lo servimos
al instante.

Tempuras de cigalas con salsa de mango y chile

4-6 raciones

para la salsa:
1 mango grande bien maduro, cortado
en trozos pequeños
$1/2$ cebolla roja, picada fina
1 chile rojo, picado fino
3 cucharadas soperas de zumo de lima
2 cucharadas soperas de cilantro fresco, picado
finamente

para las tempuras de cigalas:
1 vaso de harina de trigo
4 cucharadas soperas de maicena
$1/2$ cucharadita de levadura química
$1/4$ de cucharadita de chile en polvo
1 cucharada sopera de aceite de sésamo
3 cucharadas soperas de semillas de sésamo
aceite para freír (de cacahuete o de maíz)
20-30 cigalas limpias
1 taza de agua

Primero preparamos la salsa mezclando el mango, la
cebolla roja, el chile, la lima y el cilantro, y después
lo dejamos aparte.
En un cuenco, mezclamos la harina de trigo, la maicena,
la levadura química, el chile en polvo, el agua, el aceite
de sésamo y las semillas de sésamo para obtener una
pasta de buñuelos.
En un *wok*, calentamos el aceite para freír.
Sumergimos las cigalas en la pasta.
Las ponemos en el aceite y las dejamos hasta que estén
doradas.
A continuación las escurrimos sobre papel absorbente.
Las servimos con la salsa.

Vieiras con soja, lima y tomate

6 raciones

3 tomates
$^1/_2$ vaso de zumo de lima
2 cucharadas soperas de azúcar
2 cucharadas soperas de salsa de soja
200 g de mantequilla suave
12 vieiras, limpias
3 cebollas tiernas (sólo los tallos verdes cortados
en tiras finas)
pimienta

Sumergimos los tomates en el agua hirviendo durante
30 segundos.
A continuación, los ponemos en agua fría.
Los pelamos, les sacamos las pepitas y los cortamos
en dados.
Calentamos el horno a 220º C.
En un cazo, ponemos el zumo de lima, el azúcar
y la salsa de soja.
Cocemos esta mezcla durante 10 minutos,
hasta que obtengamos un jarabe espeso.
Lo dejamos enfriar.
Añadimos la mantequilla.
Ponemos las vieiras en una placa de horno.
Echamos un poco de salsa sobre cada concha.
Sazonamos con pimienta.
Metemos la placa en el horno a una altura media,
y las cocemos 3 o 4 minutos.
Ponemos dos vieiras en cada plato.
Las cubrimos con los tomates en dados y la cebolla
tierna, y servimos.

Vieiras con soja, lima y tomate

Tortitas de arroz rellenas de pescado

4 raciones

450 g de filete de pescado blanco
(rape, lumpo o platija)
1 cucharadita de sal
2 cucharaditas de curry en polvo
2 cucharadas soperas de harina de trigo
2 cucharadas soperas de agua
4 tortitas de arroz
3 cucharadas soperas de cebolleta, picada fina
2 cucharadas soperas de aceite de cacahuete
aceite de sésamo
cilantro
pimienta

Cortamos el pescado en cuatro partes iguales.
Espolvoreamos cada trozo con sal, pimienta y curry.
Mezclamos la harina y el agua en un cuenco.
Dejamos cada tortita de arroz en un poco de agua
caliente unos segundos para que se ablanden.
Ponemos las tortitas en una tabla para que se sequen
(no debemos utilizar papel absorbente, ya que las
tortitas podrían adherirse).
Ponemos unas hojas de cilantro en el centro de cada
tortita de arroz.
Añadimos el trozo de pescado y un poco de cebolleta.
Lo envolvemos en la tortita.
Utilizamos la mezcla de harina y agua para pegar
los bordes.
Calentamos aceite en una cazuela.
Durante 4 o 5 minutos, freímos por cada lado
los rollitos que hemos obtenido, para que el
pescado quede bien cocido.
Antes de servir, añadimos unas gotas de aceite
de sésamo.

Tortitas de arroz rellenas de pescado

Mejillones con leche de coco, jengibre y lima

4 raciones

1 kg de mejillones
12 hojas de lima
2 cucharadas soperas de jengibre fresco, rallado
2 tallos de limoncillo, cortados en rodajas finas
el zumo y la corteza de un limón y de una lima
8 dientes de ajo, en rodajas finas
sal y pimienta
1 vaso de leche de coco
1 clara de huevo

Limpiamos a fondo los mejillones.
Los ponemos en un cuenco con las hojas de lima,
el jengibre, el limoncillo, la lima, el limón, el ajo, la sal,
la pimienta y la leche de coco.
Mezclamos bien.
Preparamos cuatro círculos de 30 cm de diámetro
de papel vegetal.
Repartimos los mejillones condimentados sobre
los cuatro círculos.
Los envolvemos y untamos los bordes del papel
con un poco de clara de huevo para que los papillotes
no se abran.
Ponemos los papillotes en una bandeja y echamos
un poco de agua por encima.
Los cocemos en el horno a 250° C durante unos
10 minutos.
Ponemos el contenido de los papillotes en platos.
Los mejillones que no se hayan abierto se tienen
que sacar.
Se sirven con arroz.

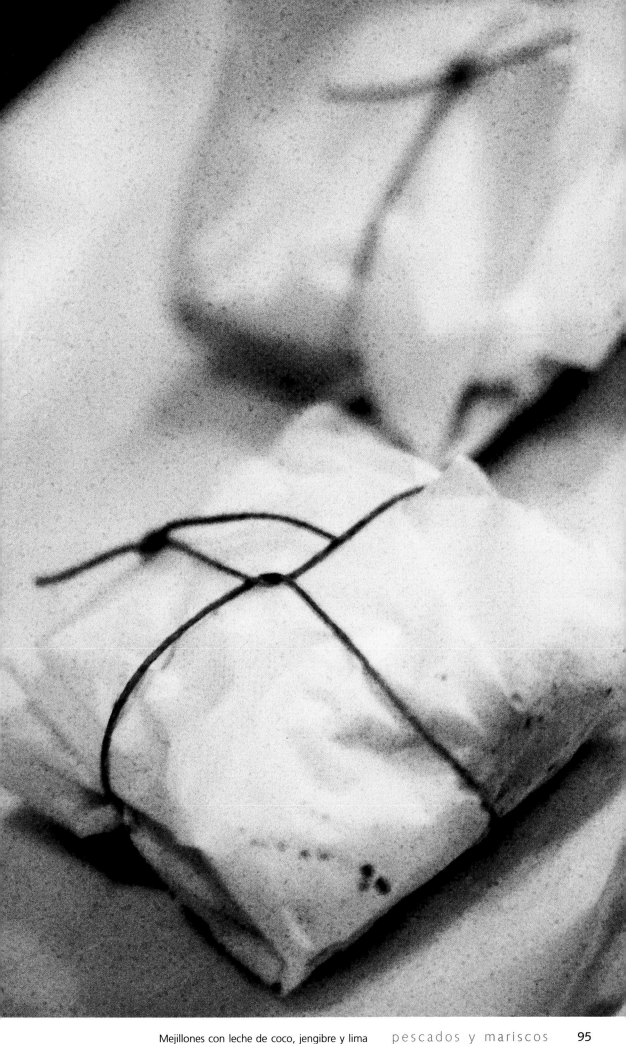

Mejillones con leche de coco, jengibre y lima

Cigalas verdes con jengibre y ajo

4 raciones

16 cigalas, sin pelar
8 dientes de ajo
3 cucharadas soperas de jengibre, cortado fino
1 vaso de aceite de sésamo
1 cucharadita de sal
1 manojo de cilantro
2 cucharadas soperas de aceite de cacahuete
$^1/_2$ vaso de zumo de lima

Limpiamos las cigalas con agua fría y dejamos
que se escurran sobre papel absorbente.
Ponemos el ajo, el jengibre, el aceite de sésamo,
la sal y el cilantro en la batidora.
Lo batimos hasta obtener una pasta espesa.
Introducimos las cigalas en esta mezcla verde.
Las cubrimos con papel de plástico transparente
y las ponemos en el frigorífico durante 6 horas.
En un *wok*, calentamos el aceite.
Freímos las cigalas hasta que cambien de color
y estén crujientes.
Las ponemos en una fuente.
Echamos el resto del escabeche y el zumo de lima
en el *wok*.
Volvemos a calentar la salsa y la echamos encima
de las cigalas.
Se sirven con arroz.

Cigalas verdes con jengibre y ajo

Atún empanado con sésamo y caviar de berenjena

4 raciones

600 g de filete de atún fresco
$^1/_2$ vaso de mostaza de Dijon
3 cucharadas soperas de semillas de sésamo
2 cucharadas soperas de aceite de cacahuete
1 berenjena grande
3 cucharadas soperas de aceite de oliva
2 dientes de ajo, picados finamente
3 boniatos
sal y pimienta

Cortamos los filetes de atún en trozos de 2 cm
de grosor.
Los untamos de mostaza, los espolvoreamos con
pimienta y sal, y a continuación los cubrimos de semillas
de sésamo.
Calentamos el aceite en una paella.
Freímos los trozos de atún, y les vamos dando vuelta
de forma que todas las semillas de sésamo se doren.
Los ponemos en una fuente y lo metemos en el
congelador durante 10 minutos.
Después, los conservamos a temperatura ambiente
hasta el momento de servir.
Calentamos el horno a 200° C.
Asamos la berenjena entera durante 30-40 minutos
(tiene que arrugarse y ablandarse).
La dejamos enfriar, sacamos la pulpa y, en un cuenco,
la mezclamos con aceite de oliva y ajo.
Salpimentamos.
El atún tiene que estar cortado en trozos y servirse
con el caviar de berenjena y los boniatos cocidos.

Atún empanado con sésamo y caviar de berenjena

Cigalas caramelizadas

4 raciones

2 cucharadas soperas de aceite de cacahuete
2 dientes de ajo, picados finamente
$1/2$ cebolla, cortada en rodajas
16 cigalas
$1/2$ cucharadita de pimienta
1 o 2 cucharaditas de aceite picante (*véase p. 16*)
3 cebollas tiernas, cortadas en trozos
ensalada verde

para la salsa:
$1/2$ vaso de azúcar moreno
4 cucharadas soperas de salsa de pescado
$1/2$ vaso de agua

Empezamos por la salsa.
En un cazo, ponemos el azúcar, la salsa de pescado
y el agua.
Lo dejamos hervir y lo cocemos a fuego lento hasta
que el azúcar se deshaga.
Reservamos la salsa en un lugar donde se conserve
caliente.
En un *wok*, calentamos el aceite.
Freímos el ajo y la cebolla hasta que estén dorados.
Añadimos las cigalas, la pimienta, dos cucharadas
soperas de salsa y el aceite picante.
Dejamos cocer la mezcla a fuego lento 2 minutos.
Añadimos las cebollas tiernas.
Lo dejamos cocer 30 segundos más.
Ponemos las cigalas sobre una capa de ensalada verde
y lo servimos al instante.

Cigalas caramelizadas

carnes

Pollo al curry verde

4 raciones

3 cucharadas soperas de aceite de girasol
1 pollo grande, cortado en 8 trozos
1 cucharada sopera de pasta de curry verde,
o al gusto
2 l de leche de coco
1 cubito de caldo de gallina
125 g de brotes de bambú, en trocitos
$\frac{1}{2}$ berenjena
2 chiles rojos, en láminas
7 hojas de lima
1 manojo de albahaca tailandesa, picada
2 cucharadas soperas de azúcar de palma o azúcar
moreno
3 cucharadas soperas de salsa de pescado

En un *wok*, calentamos el aceite.
Freímos la pasta de curry durante 30 segundos.
Bajamos el fuego y ponemos los trozos de pollo
en el *wok*.
Los cocemos hasta que estén dorados.
Añadimos la leche de coco y el cubito de caldo
de gallina.
Lo dejamos cocer a fuego lento 20 minutos,
removiendo de vez en cuando.
Incorporamos la salsa de pescado y el azúcar.
Añadimos los brotes de bambú, la berenjena y el chile.
Lo dejamos cocer todo 5 minutos más.
Cuando hayamos sacado el *wok* del fuego, añadiremos
las hojas de lima y la albahaca.
Se sirve con arroz.

Pollo al curry verde

Sopa de pollo con limoncillo y chile

4 raciones

4 filetes de pollo
2 l de leche de coco
1 cubito de caldo de gallina
3 cucharadas soperas de galanga, picada fina
(en su defecto, utilizaremos jengibre)
6 hojas de lima, en tiras finas
4 cucharadas soperas de salsa de pescado
6 trocitos de limoncillo
½ vaso de zumo de lima
1 cucharadita de salsa de chile, o salsa al gusto
1 chile rojo, en rodajas finas
6 hojas de lima
6 guindillas

Cortamos el pollo en dados grandes.
En una cazuela, dejamos que hierva la leche
de coco.
Echamos los trozos de pollo y el caldo.
Lo cocemos hasta que el pollo esté casi hecho.
Añadimos las hojas de lima, el limoncillo,
la galanga y la salsa de pescado.
Cocemos la sopa durante 2 minutos.
Sacamos la cazuela del fuego.
Añadimos el zumo de lima, la salsa de chile
y el chile.
Ponemos la sopa en cuencos, calentados
previamente.
Lo decoramos con hojas de lima y una guindilla.
Servimos la sopa preferentemente con arroz
cocido.

Pollo tailandés con chile y berenjenas

4 raciones

2 berenjenas grandes
4 filetes de pollo
2 cucharaditas de salsa de soja
4 cucharadas soperas de vino de Jerez seco
1 cucharada sopera de aceite de sésamo
2 cucharaditas de maicena
2 cucharadas soperas de aceite de cacahuete
3 dientes de ajo, picados finamente
1 cucharada sopera de jengibre rallado
1 cebolla tierna, cortada en rodajas
1 o 2 cucharadas soperas de pasta de curry verde
(*véase p. 14*)
2 cucharadas soperas de salsa de pescado
2 cucharaditas de azúcar moreno
1 chile rojo, picado fino
hojas de albahaca

Calentamos el horno a 200° C.
Cocemos las berenjenas enteras en el horno durante
30-40 minutos (tienen que arrugarse y quedar
muy blandas).
Las dejamos enfriar, sacamos la pulpa y las picamos.
En un cuenco, ponemos los filetes de pollo, la salsa de
soja, el vino de Jerez, el aceite de sésamo y la maicena.
Removemos bien.
Calentamos el aceite en un *wok*.
Cocemos los filetes de pollo durante 5 minutos.
Los ponemos en un plato.
Añadimos en el *wok* el ajo, el jengibre y la cebolla
tierna.
Dejamos cocer la mezcla a fuego lento durante
3 minutos.
Añadimos la pulpa de las berenjenas, la pasta de curry,
la salsa de pescado y el azúcar.
Volvemos a meter los filetes de pollo y dejamos cocer
la mezcla 3 minutos más.
Lo colocamos en una fuente.
Esparcimos albahaca y chile.
Se sirve con arroz.

Pollo tailandés con chile y berenjenas

Pollo al horno con ajo y sopa al cilantro

4-6 raciones

3 filetes de pollo
3 cucharadas soperas de aceite de sésamo
18 dientes de ajo
2 l de caldo de gallina
2 cebollas rojas, cortadas en rodajas
2 dientes de ajo, picados finamente
1 zanahoria, cortada en dados
3 cucharadas soperas de jengibre rallado
1 chile rojo, en rodajas
6 cucharadas soperas de pasta de tamarindo
300 g de tallarines cocidos
1 manojo de cilantro fresco, picado

Calentamos el horno a 200º C.
En una bandeja de horno ponemos los dientes de ajo
y los filetes de pollo enteros.
Echamos el aceite por encima.
Cocemos el pollo durante 25 minutos, y lo sacamos
del horno.
Ponemos el caldo de gallina en una cazuela.
Lo dejamos hervir y añadimos la cebolla, el ajo picado,
la zanahoria, el jengibre y el chile.
Dejamos cocer la sopa a fuego lento durante 5 minutos.
Añadimos el ajo cocido y la pasta de tamarindo.
Dejamos cocer la sopa 10 minutos más.
Cortamos los filetes de pollo en trocitos y los añadimos
a la sopa, al mismo tiempo que los tallarines.
Lo volvemos a calentar todo.
Ponemos la sopa en cuencos y esparcimos cilantro.

Pollo al horno con ajo y sopa al cilantro

Rollitos de pollo y ensalada

6 raciones (como entremés)

3 dientes de ajo, picados finamente
3 cucharadas soperas de jengibre rallado
4 cucharadas soperas de salsa de soja
2 filetes de pollo
$1/_2$ vaso de vinagre de arroz
$1/_2$ vaso de azúcar
$1/_2$ vaso de agua
1 zanahoria, en láminas finas
1 lechuga romana
$1/_2$ vaso de salsa de pescado
el zumo de una lima
1 chile rojo, picado fino
1 cebolla roja, picada fina
2 cucharadas soperas de aceite de sésamo

En un cuenco, mezclamos la mitad del ajo y del jengibre
con una cucharada sopera de salsa de soja.
Con esta mezcla, untamos los filetes de pollo.
Los tapamos y los ponemos en el frigorífico durante
1 hora.
En un cazo, ponemos el vinagre, el azúcar, el agua,
y el resto del ajo y del jengibre.
Dejamos que hierva y añadimos la zanahoria cortada
en láminas.
Lo sacamos del fuego y lo dejamos enfriar.
Remojamos las hojas de lechuga en agua hirviendo,
después en agua fría y las dejamos secar sobre un paño
de cocina.
Mezclamos el resto de salsa de soja, la salsa de pescado,
el zumo de lima y el chile.
Echamos un poco de azúcar.
Freímos los filetes de pollo en dos cucharadas soperas
de aceite de sésamo, unos 3 minutos por cada lado.
Colamos las zanahorias y reservamos el jugo (que servirá
de salsa).
Cortamos los filetes de pollo en trozos finos y ponemos
un poco en cada hoja de lechuga.
Esparcimos cebolla roja y zanahoria.
Enrollamos las hojas de lechuga en forma de puros
gruesos.
Se sirven con la salsa.

Rollitos de pollo y ensalada

Pollo vietnamita al limoncillo

4 raciones

4 filetes de pollo
4 dientes de ajo, picados finamente
2 tallos de limoncillo, en trozos
4 cucharadas soperas de salsa de pescado
4 cucharadas soperas de aceite de cacahuete
1 cucharada sopera de azúcar
4 cebollas tiernas, en trozos
2 chiles rojos, picados finamente
50 g de cacahuetes
1 vaso de brotes de soja
20 hojas de albahaca tailandesa
$^1/_2$ pepino, en rodajas

Cortamos el pollo en daditos de 2 cm.
En un cuenco, mezclamos el pollo, el ajo, el limoncillo,
la salsa de pescado, el aceite de cacahuete y el azúcar.
Lo dejamos reposar 20 minutos.
En un *wok*, ponemos los dados de pollo con el adobo
y lo cocemos a fuego lento unos 3 o 4 minutos.
Hacia el final de la cocción, añadimos las cebollas
tiernas, el chile y los cacahuetes.
Ponemos los dados de pollo en una fuente
y lo decoramos con los brotes de soja, la albahaca
y el pepino.
Se sirve con arroz perfumado o jazmín.

"Gourmet"

Pollo *satay*

4 raciones

6 filetes de pollo
1 cucharada sopera de semillas de cilantro, molidas
2 dientes de ajo, picados finamente
2 cucharadas soperas de azúcar
3 cucharaditas de sal
aceite de cacahuete
2 o 3 broquetas de madera por persona

Cortamos los filetes de pollo en dados de 2 cm
cada uno.
Mezclamos el cilantro, el ajo, el azúcar y la sal.
Con esta mezcla, condimentamos los dados de pollo
y lo dejamos reposar en el frigorífico durante 2 horas.
Antes de utilizar las broquetas, las ponemos en remojo
durante 1 hora.
Ensartamos los dados de pollo.
Calentamos el aceite en una paella y freímos los pinchos
hasta que la carne esté bien cocida, unos 3 o 4 minutos
por cada lado.
Servimos los pinchos con arroz y salsa *satay* (*véase p.18*).

Pollo *satay*

Curry de pollo con hojas de lima

4 raciones

2 cucharadas soperas de aceite de cacahuete
1 cebolla, picada fina
1 cucharada sopera de jengibre rallado
1 tallo de limoncillo, en rodajas finas
1 o 2 cucharaditas de pasta de curry rojo
(*véase p. 14*)
6 hojas de lima, en tiras finas
4 filetes de pollo, cortados en dos
3 vasos de leche de coco
1 manojo de albahaca, picada
1 manojo de cilantro, picado

Calentamos el aceite en un *wok*.
Freímos la cebolla, el jengibre y el limoncillo
hasta que la cebolla esté dorada.
Añadimos la pasta de curry y las hojas de lima.
Dejamos cocer la mezcla a fuego lento durante
2 minutos.
Añadimos la carne de pollo y la leche de coco.
Lo dejamos reposar 20 minutos.
Incorporamos la albahaca y el cilantro.
Se sirve con arroz.

Carne de vaca con limoncillo y tamarindo

4 raciones

2 cucharadas soperas de aceite de cacahuete
2 tallos de limoncillo, cortados en rodajas finas
6 chalotes, picados finamente
2 chiles rojos, picados finamente
500 g de carne de vaca tierna, cortada
en trozos finos
3 cucharadas soperas de salsa de tamarindo
2 cucharadas soperas de zumo de lima
2 cucharaditas de salsa de pescado
2 cucharaditas de azúcar de palma o azúcar moreno
250 g de espinacas frescas, limpias

Calentamos el aceite en un *wok*.
Freímos el limoncillo, los chalotes y el chile durante
3 minutos.
Añadimos la carne y la freímos durante 5 minutos.
Echamos la salsa de tamarindo, el zumo de lima, la salsa
de pescado, el azúcar y las espinacas.
Dejamos cocer la mezcla a fuego lento 3 minutos más.
Se sirve con arroz.

Carne de vaca con limoncillo y tamarindo

Pinchos de carne de vaca con lima y hortalizas

4 raciones

500 g de filete de vaca
4 broquetas
4 cucharadas soperas de zumo de lima
4 cucharadas soperas de salsa de pescado
1 cebolla tierna, picada fina
4 cucharadas soperas de cilantro, picado fino
4 cucharadas soperas de menta, picada fina
2 cucharadas soperas de chile rojo, picado fino

Cortamos la carne en dieciséis trocitos y ensartamos
cuatro trozos en cada broqueta.
Mezclamos el zumo de lima, la salsa de pescado,
la cebolla tierna, el cilantro, la menta y el chile.
Sumergimos los pinchos en esta mezcla picante,
y luego los asamos rápidamente por cada lado.
Mientras se cuecen, los rociamos con el adobo.
Ponemos los pinchos asados en una fuente
y los cubrimos con el resto del adobo.
Se sirven con arroz o con boniatos cocidos.

Carne de vaca con lima y hortalizas

Cordero tailandés con lima

4 raciones

6 limas
2 cucharaditas de azúcar de palma o azúcar moreno
$^{1}/_{2}$ chile rojo, picado fino
1 cucharada sopera de salsa de pescado
400 g de carne de cordero sin grasa, cortada en trozos
2 cucharadas soperas de aceite de cacahuete
4 chalotes, picados finamente
1 manojo de cilantro, picado
hojas de menta
$^{1}/_{2}$ vaso de cacahuetes, picados

Rallamos la corteza de tres de las limas y exprimimos el zumo de las seis.
Mezclamos la corteza y el zumo de lima con el azúcar, el chile y la salsa de pescado.
Removemos hasta que se disuelva el azúcar.
En un *wok*, calentamos un poco de aceite de cacahuete.
Freímos la carne hasta que esté dorada por todos los lados. La reservamos en un lugar donde se conserve caliente.
Cortamos la carne en lonchas finas y la mezclamos con la vinagreta de lima.
Repartimos la mezcla en cuatro cuencos.
Esparcimos los chalotes, las hierbas y los cacahuetes, y lo servimos acompañado de arroz cocido.

Bricks picantes rellenos de cordero

4 raciones

2 cucharadas soperas de aceite de cacahuete
4 cucharadas soperas de cebolla, picada fina
200 g de carne de cordero picada
3 dientes de ajo, picados finamente
1 chile verde, picado fino
1 cucharada sopera de jengibre rallado
$1/4$ de cucharadita de azafrán de las Indias
nuez moscada rallada
2 cucharadas soperas de agua
1 cucharada sopera de cilantro fresco, picado
1 cucharadita de zumo de limón
6 láminas de pasta *brick*
2 cucharadas soperas de mantequilla derretida
sal y pimienta

Calentamos el aceite en una paella.
Freímos la cebolla hasta que esté tierna.
Añadimos la carne picada, el ajo, el chile, el jengibre,
el azafrán de las Indias y la nuez moscada.
Cocemos la mezcla durante 3 minutos.
Añadimos el agua y lo dejamos cocer tapado a fuego
lento durante 10 minutos.
Lo sacamos del fuego e incorporamos el cilantro
y el zumo de limón.
Salpimentamos.
Cortamos las láminas de pasta *brick* en diagonal, para
obtener doce triángulos.
Ponemos un poco de mezcla de cordero en cada lámina
de pasta.
Las envolvemos y las untamos con un poco de
mantequilla derretida. Las ponemos en una bandeja de
horno, y las cubrimos con papel vegetal.
Lo cocemos en el horno a 180° C durante 10 minutos.
Volvemos a añadir una capa de mantequilla y lo
seguimos cociendo durante 5 minutos.
Se sirven calientes con salsa *satay (véase p.18)* y arroz.

Bricks picantes rellenos de cordero

Rollitos de cordero
con salsa de ciruelas

4 raciones

100 g de espinacas frescas
300 g de carne de cordero picada (o en su defecto,
de carne de vaca)
1 chile rojo, picado fino
1 cebolla tierna, picada fina
4 cucharadas soperas de salsa de soja
salsa de ciruelas (*véase p. 14*)
pimienta

Limpiamos bien las espinacas y las cocemos al vapor
durante 30 segundos.
Ponemos las hojas de espinacas en una fuente.
En un cuenco, mezclamos la carne de cordero,
el chile, la cebolla tierna y la salsa de soja.
Sazonamos con pimienta.
Colocamos una pequeña cantidad de esta mezcla
en cada hoja de espinaca, y las enrollamos.
Pinchamos un palillo en medio de cada rollito para evitar
que se deshagan.
Los cocemos al vapor unos 15 minutos hasta que
la carne esté bien cocida.
Cortamos los rollitos en trozos.
Se sirven con la salsa de ciruelas.

Rollitos de cordero con salsa de ciruelas

cordero

Albóndigas de carne
con hojas de lechuga

4 raciones (como entremés)

100 g de carne de cordero picada
100 g de carne de salchicha
1 cebolla tierna, picada fina
2 dientes de ajo, picados finamente
2 cucharadas soperas de cilantro, picado fino
2 cucharadas soperas de semillas de sésamo
2 cucharadas soperas de aceite de cacahuete
hojas de lechuga
menta y cilantro para decorar
salsa *satay* (*véase p. 18*)
sal y pimienta

Mezclamos la carne picada de cordero y la carne
de salchicha, la cebolla tierna, el ajo, el cilantro,
y las semillas de sésamo.
Salpimentamos.
Formamos pequeñas albóndigas de carne.
Las freímos en aceite de cacahuete.
Colocamos las hojas de lechuga en una fuente
y ponemos una albóndiga de carne sobre cada hoja.
Lo servimos con la salsa *satay*.

Albóndigas de carne con hojas de lechuga

cerdo

Lomo de cerdo con jengibre y miel

4 raciones

500 g de lomo de cerdo
2 dientes de ajo, triturados
2 cucharadas soperas de zumo de limón
2 cucharadas soperas de aceite de cacahuete
2 bulbos de hinojo, cortados en rodajas

para la salsa:
2 cucharadas soperas de aceite de cacahuete
4 cucharadas soperas de jengibre rallado
4 cucharadas soperas de miel
$^3/_4$ vaso de coñac

Sacamos la grasa y los tendones del lomo de cerdo.
Lo ponemos en un cuenco con el ajo y el zumo
de limón.
Lo dejamos reposar 20 minutos.
Calentamos el aceite en una paella.
Doramos el lomo por los dos lados.
Ponemos el hinojo en una bandeja de horno.
Colocamos el lomo encima.
Lo cubrimos con el adobo de limón y ajo.
Lo asamos en el horno a 180° C durante 25-30 minutos.

para preparar la salsa:
Calentamos el aceite en una paella.
Freímos el jengibre 1 minuto.
Añadimos la miel y el coñac.
Cocemos la mezcla hasta que se reduzca a la mitad.

Cortamos el lomo en tiras y las ponemos en platos
con el hinojo y la salsa de jengibre.

Lomo de cerdo con jengibre y miel

Cerdo agridulce

(peao wun moo)

4 raciones

2 cucharadas soperas de aceite de cacahuete
400 g de lomo de cerdo, cortado en lonchas finas
1 cebolla, cortada en rodajas
2 tomates, cortados en cuartos
$1/2$ pepino, cortado en dados
100 g de piña fresca, cortada en trozos
1 pimiento rojo, cortado en trozos
1 pimiento verde, cortado en trozos
1 vaso de salsa agridulce (*véase p. 14*)

Calentamos el aceite en un *wok*.
Freímos la carne y la cebolla durante 3 minutos
a fuego fuerte.
Añadimos los tomates, el pepino, la piña
y los pimientos.
Lo dejamos cocer a fuego lento 3 minutos.
Echamos la salsa agridulce.
Lo volvemos a calentar todo.
Lo servimos muy caliente con arroz.

Cerdo agridulce

postres

Batido de coco con clavo

2 raciones

1 vaso de leche
1 taza de leche de coco
3 bolas de helado de vainilla
1 cucharadita de clavo molido
hielo machacado
coco fresco, rallado
azúcar

Ponemos la leche, la leche de coco, el helado
de vainilla y el clavo en la batidora, y lo batimos
hasta obtener una mezcla homogénea.
Lo azucaramos al gusto.
Ponemos la mezcla en un vaso con el hielo
machacado.
Esparcimos coco fresco rallado por encima
y lo servimos.

Flan con leche de coco y pistachos

4 raciones

3 huevos
2 yemas de huevo
2 vasos de leche de coco
100 g de azúcar
1 cucharadita de azúcar aromatizado
con vainilla
4 cucharadas soperas de pistachos picados

Batimos los huevos, las yemas de huevo, la leche de
coco, el azúcar aromatizado con vainilla y el azúcar
hasta que este último se haya deshecho totalmente.
Ponemos la mezcla en pequeños cuencos
individuales que puedan ir al horno.
Colocamos estos cuencos en una grasera grande.
Llenamos la grasera de agua hirviendo.
Ponemos los cuencos a cocer al baño María en el
horno a 180° C unos 20 minutos, hasta que la
mezcla se endurezca.
Servimos los flanes calientes o fríos, con pistachos
picados esparcidos por encima.

Flan con leche de coco y pistachos

Sorbete de mangostán

4 raciones

6 mangostanes
el zumo de una lima
100 g de azúcar moreno

Utilizaremos un cuchillo muy afilado para cortar
los frutos en dos, ya que la corteza es muy dura.
Sacamos la pulpa blanca de cada mangostán
y la cortamos en 4 o 6 trozos.
La despepitamos, si es necesario.
Guardamos la corteza intacta, porque nos servirá
de recipiente.
Ponemos en la batidora la pulpa de los mangostanes,
el zumo de lima y el azúcar.
Lo batimos hasta obtener una mezcla homogénea.
Si el sabor es demasiado dulce, añadimos un poco
de zumo de lima.
Ponemos la mezcla en una heladera.
La dejamos girar hasta que quede bien consistente
(a falta de heladera, podemos poner la mezcla en el
congelador, y procurar removerla cada media hora hasta
que el sorbete esté listo, al cabo de unas 2 o 3 horas).
Llenamos de sorbete las cortezas vacías de mangostán
y lo servimos.

Sorbete de mangostán

Piña asada con sorbete de mango y jengibre

4-6 raciones

1 piña fresca, pelada y cortada en 4 o 6 tajadas
100 g de azúcar de palma o azúcar moreno
2 mangos
3 cucharadas soperas de jengibre rallado
1 hoja de lima
7 cucharadas soperas de zumo de lima
$^1/_2$ vaso de miel

Ponemos las tajadas de piña en una fuente.
Echamos la mitad del azúcar por encima.
Lo cubrimos con papel de plástico.
Pelamos los mangos y los cortamos en trozos.
Ponemos los mangos, el jengibre, las hojas de lima,
el zumo de lima y la miel en la batidora.
Lo batimos durante 2 minutos.
Echamos el resto de azúcar.
Removemos bien.
Lo ponemos en una heladera y lo dejamos girar hasta
que el helado haya tomado consistencia (si no tenemos
heladera, podemos poner la mezcla en el congelador
unas 2 horas y procurar removerla de vez en cuando).
Colocamos las tajadas de piña en una bandeja de horno
recubierta con papel de aluminio.
Las asamos bajo la parrilla o las doramos a 250° C,
hasta que el azúcar empiece a caramelizar.
Ponemos las tajadas de piña asada en platos con una
bola de helado encima.

Helado de naranja
y cardamomo

ingredientes para 1 litro aproximadamente:

2 cucharadas soperas de semillas de cardamomo
el zumo y la corteza rallada de 3 naranjas
1 taza de leche
1 taza de nata
4 yemas de huevo
$^{1}/_{2}$ taza de azúcar

En un mortero, trituramos las semillas de cardamomo.
Ponemos el zumo y la corteza de naranja en un cazo.
Lo hervimos y lo reducimos a la mitad.
Lo dejamos enfriar.
En otro cazo, hervimos la leche, la nata y las semillas
de cardamomo.
Después, lo dejamos enfriar 30 minutos para
que el cardamomo desprenda aroma, y lo filtramos.
Batimos los huevos.
Calentamos la mezcla de leche y nata.
Echamos dos cucharadas soperas de esta mezcla
a los huevos y batimos bien.
Vertemos un chorrito de la mezcla obtenida a la leche,
sin dejar de remover.
Añadimos el azúcar.
Lo calentamos y vamos removiendo, pero hemos
de vigilar que no hierva.
Ponemos el cazo en agua fría para que se enfríe
rápidamente.
A continuación, incorporamos el zumo de naranja.
Ponemos la mezcla en una heladera y dejamos que gire
hasta que quede consistente (a falta de heladera,
podemos poner la mezcla en el congelador durante
2 horas y remover frecuentemente).

Helado de naranja y cardamomo

Granizado de té verde

6 raciones

1 taza de azúcar
$^1/_2$ l de agua
4 cucharaditas de hojas de té verde
la corteza rallada de $^1/_2$ limón
hielo machacado

En un cazo, ponemos a hervir el agua y el azúcar.
Lo cocemos hasta que se disuelva el azúcar.
Añadimos las hojas de té.
Lo dejamos enfriar.
Llenamos seis tazas de hielo machacado.
Desmoldamos el hielo de cada taza en forma
de pequeñas montañitas.
Filtramos el jarabe de té y lo repartimos entre
las seis montañitas.
Espolvoreamos un poco de corteza de limón
por encima de cada una.
Lo servimos al instante.

Granizado de té verde

Helado de yogur con piña y menta

ingredientes para 1,5 l aproximadamente:

1 piña madura
1 taza de yogur natural
2 tacitas de azúcar
2 claras de huevo
2 cucharadas soperas de menta, picada fina

Pelamos la piña y la cortamos en trocitos.
Ponemos la piña y el azúcar en la batidora.
Lo batimos hasta conseguir una mezcla homogenea.
Añadimos el yogur.
Echamos más azúcar, si es necesario.
Batimos las claras de huevo a punto de nieve.
Incorporamos las claras batidas y la menta, y ponemos la mezcla en un cuenco.
Metemos el cuenco en el congelador durante 2 horas.
Sacamos el helado 5 minutos antes de servirlo.

Ensalada de melón, lima, coco y frutos secos

4 raciones

500 g de diferentes melones, como sandía, melón
de Cavaillon, melón cantalupo...
4 cucharadas soperas de zumo de lima
4 cucharadas soperas de zumo de limón
azúcar
1 vaso de leche de coco
1 cucharada sopera de cacahuetes
1 cucharada sopera de pistachos

Cortamos los melones en dados grandes.
Mezclamos los zumos de limón y de lima.
Lo azucaramos al gusto.
Añadimos la leche de coco.
Ponemos los trozos de melón en un cuenco y echamos
el zumo por encima.
Picamos los cacahuetes y los pistachos, y los esparcimos.
Servimos la ensalada fría.

Ensalada de melón, lima, coco y frutos secos